HL01486897

HL01486897

HL01486897

HL01486897

HL01486897

HL01486897

HL01486897

HL01486897

HL01486897

HL01486897

HL01486897

HL01486897

HL01486897

HL01486897

HL01486897

HL01486897

HL01486897

HL01486897

HL01486897

HL01486897

HL01486897